FRAN NUÑO

HISTORIAS CURIOSAS PARA PALABRAS MISTERIOSAS

Ilustraciones de Ernesto Lovera

TOROMÍTICO

Ediciones Toromítico
Infantil y Juvenil (9-12 años)
Edición: Óscar Córdoba

Diseño de cubierta
basado en ilustración de Ernesto Lovera.

Imprime: Lince Artes Gráficas
I.S.B.N. 978-84-15943-65-5
Depósito Legal: CO-1713-2018

www.toromitico.org
@AlmuzaraLibros
pedidos@almuzaralibros.com - info@almuzaralibros.com

Hecho e impreso en España - *Made and printed in Spain*

MIXTO
Papel procedente de
fuentes responsables
FSC
www.fsc.org
FSC® C120701

A Manuel y Rosario, mis padres, por todo.
A Nati, mi hermana, por todo.

El poder de las palabras radica en quien sabe usarlas.
Anónimo

El objetivo principal de estos veintisiete microcuentos es que por un lado te diviertas leyendo y por otro que conozcas palabras que quizás sean nuevas para ti. O si ya te has encontrado con algunas de ellas anteriormente, que sepas, al menos, de dónde provienen.

A cada una de estas breves historias que hablan de hechos curiosos y en las que aparecen magos, superhéroes, artistas, inventos que no existen, objetos, libros... les he asignado una letra del abecedario y dos palabras «misteriosas» en negrita. A una le coincide su inicial con dicha letra y con la otra no he tenido en cuenta ese detalle, pues actúa como invitada. Después comento el significado y la procendencia de ambas palabras[1].

---

1 *Para redactar el significado y la procedencia de las palabras, me he basado en el Diccionario de la Real Academia Española.*

Un juego que propongo para realizar en grupo es ir eligiendo al azar estos términos destacados que hay en los textos para que cada participante intente adivinar sus correspondientes significados. Por cada acierto se gana un punto y después se puede dar lectura en voz alta al microcuento donde estén incluidas las palabras en cuestión. Estoy seguro de que se darán respuestas muy divertidas e ingeniosas.

Y sin más preámbulo, solo decir que espero que te lo pases muy bien con estas *Historias curiosas para palabras misteriosas.*

A

LA CONFESIÓN DE UN AMIGO

Cierta vez, un amigo me invitó a su casa para enseñarme la gran biblioteca que poseía. La verdad es que pasé un rato magnífico mientras curioseaba todas aquellas estanterías, repletas de libros de todos los temas y géneros. Pero fue al descubrir un ejemplar en cuestión cuando mis ojos empezaron a brillar de emoción y alegría. Llevaba años buscando sin éxito aquel título por incontables librerías y bibliotecas, pues su autor era uno de mis favoritos.

—Por favor, ¿me dejas prestado este libro? Estoy deseando leerlo y no he sido capaz de encontrarlo en ningún sitio —le pregunté a mi amigo con voz notablemente nerviosa.

Pero aquellas palabras mías le debieron **azarar** bastante, pues jamás en mi vida lo vi tan serio. Con un tono seco y cortante me respondió lo siguiente:

—Lo siento, no puede ser. Tengo que hacerte una confesión: soy **bibliótafo**.

AZARAR: Significa avergonzar o inquietar a alguien. Proviene de *azorar* y esta de *azor*, que tiene su raíz en el latín (accipĭter).

Palabra invitada

BIBLIÓTAFO/A: Persona avara con sus libros, pues ni los presta ni los deja leer a nadie. Actualmente esta palabra no se encuentra en el Diccionario de la Real Academia Española (RAE). La más cercana a ella recogida en dicho diccionario es *bibliómano*, que se refiere a quien sufre bibliomanía, es decir, que es aficionado a conseguir y guardar un exagerado número de libros. *Bibliomanía* proviene del griego (biblio y manía).

B

SIN CATALOGAR

Algunos barrenderos de cierta ciudad aseguran que, mientras trabajan limpiando las calles, encuentran enredadas en sus escobas cosas tan curiosas como notas musicales de silbidos desafinados, besos lanzados al aire que no llegaron a su destinatario, trozos de tiempos perdidos, sueños no recordados, saludos no correspondidos...

Como la empresa de limpieza pública no tiene catalogadas estas **brozas** tan **anómalas**, el ayuntamiento ha abierto un museo para exhibirlas. Pero yo he estado en él y única-

mente he visto urnas vacías. Aunque puede ser que la culpa sea mía, quizás tenga que cambiar de gafas.

BROZA: En este caso significa desechos, desperdicios. Proviene del occitano (brossa) y anteriormente del gótico (brukja).

Palabra invitada

ANÓMALA/O: Significa extraño, que se sale de lo normalizado, habitual. Proviene del latín (anomălus) y anteriormente del griego (anómalos).

C

BUSCANDO UNA FRASE

Ocurrió hace ya muchísimo tiempo. Una escritora llevaba meses buscando una frase en los libros de su voluminosa biblioteca. Sabía que la había leído en uno de aquellos ejemplares, aunque no recordaba en cuál. Necesitaba aquellas palabras para utilizarlas como cita de apertura en la novela que por aquel entonces se hallaba escribiendo. Pero no había manera de dar con ellas, por lo que ya estaba a punto de rendirse.

Un día, mientras viajaba en tren para llevarle el **manus-**

crito de la novela a su editora, se encontró en el asiento de al lado un libro que, por despiste, había dejado allí el hombre que acababa de bajar en la anterior estación. Al comprobar su título y autor, no tardó en recordar que aquella obra ya la había leído años atrás y, por simple curiosidad, echó un vistazo a las páginas que señalaba el marcapáginas que se alojaba en su interior. Leyó varias líneas y, de pronto e increíblemente, se topó con la escurridiza frase que tanto tiempo llevaba buscando. Los demás pasajeros del tren no entendieron nada cuando oyeron gritar al fondo del último vagón una voz que decía: «¡Menuda **concomitancia**!»

Lo malo fue que la escritora volvió a repetir dicha expresión cuando tras bajarse del tren, y verlo partir de la estación, se dio cuenta de que había dejado olvidado en su asiento la única copia que tenía de su todavía inédita novela.

CONCOMITANCIA: Aquí se refiere a una coincidencia, ya sea casual o hecha a propósito. Proviene de *concomitante* y esta del latín (concomĭtans).

Palabra invitada

MANUSCRITO/A: Significa escrito a mano, aunque también se refiere, y es su uso en este caso, al texto original de una publicación, esté escrita a mano, a máquina o por ordenador. Proviene del latín medieval (manuscriptum).

D

EL SUPERHÉROE DE LOS IDIOMAS

Si hablamos de superhéroes, se nos vienen a la cabeza de inmediato los más famosos: Superman, Spiderman, Batman, Ironman... Sin embargo, hay otros muchos que la gente apenas conoce, pues tienen unas misiones más cotidianas y no salen en cómics, cine o televisión. Uno de ellos se hace llamar **Dragomán**. Por lo visto, según me han contado, aparece cuando necesitas ayuda con algún idioma, pues sabe hablar todas las lenguas que existen y existieron en nuestro planeta. Yo, que estoy ahora mismo en un aula del instituto y tengo por delante el examen final de alemán, llevo más de una hora diciendo en voz baja «Dragomán, por favor, ayúdame». Y aquí no aparece nadie. Seguro que está entretenido por ahí con algún que otro turista indicándole alguna calle mientras yo avanzo sin remedio hacia la deriva como un **derrelicto** en un mar de dudas. Qué pena que a Superman no se le den bien los idiomas.

DRAGOMÁN: Esta es una palabra muy poco usada, que solo se utiliza en masculino, y significa intérprete de lenguas. Un sinónimo de ella que sí tiene femenino es *truchimán*, que proviene del árabe hispánico (turğumán) y anteriormente del árabe clásico (turğumān).

Palabra invitada
DERRELICTO: Significa buque u objeto perdido o abandonado en el mar. Proviene del latín (derelictus).

E

LADRONES DE LADRONES

Un ladrón robó un bonito y valioso **escriño** a otro ladrón, que a su vez se lo había robado a otro ladrón, que a su vez se lo había robado a otro ladrón... y así no se sabe cuántas veces más hasta llegar al dueño original.

La policía lleva años y años investigando a cada uno de los **belitreros** para intentar descubrir quién es el propietario del dichoso cofrecito y así poder devolvérselo, aunque, evidentemente, no sin antes preguntarle cómo lo consiguió.

ESCRIÑO: Aunque también se refiere a cesto para usar en el trabajo rural, aquí su significado es cofre pequeño para guardar en él objetos de gran valor, como, por ejemplo, joyas. Proviene del latín (scrinium).

Palabra invitada

BELITRERO/A: Su significado es ladrón que roba o estafa a otro ladrón. Actualmente esta palabra no está recogida en el Diccionario de la RAE. La más cercana a ella que sí está incluida es *belitre*, que se refiere a una persona pícara o de malas costumbres y proviene del francés (belitre), aunque anteriormente del germánico (bettler).

F

¡VAYA PRENDAS!

Ocurrió cierta vez en una casa antigua, que llevaba años cerrada con todos sus muebles dentro, algo que realmente pareció **fabulístico**, pues el armario de uno de los dormitorios abrió sus puertas y las prendas salieron a recorrer habitaciones y pasillos. Pero lo hicieron combinándose entre ellas como nunca lo haríamos nosotros. Por ejemplo: un pantalón corto con un frac, bufandas con camisetas de tirantas, camisas de dormir con zapatos de tacón, chaquetas de pijama con elegantes **chalinas**... En fin, que menudo carnaval se formó.

FABULÍSTICO/A: Su principal significado es que se refiere a las fábulas. En este caso, indica que la historia que se narra en el microcuento es algo que parece ficticio, irreal, por el hecho en sí y porque sus protagonistas son objetos. La procedencia de *fábula* es del latín (fabŭla).

Palabra invitada

CHALINA: En esta ocasión, significa corbata larga que usan tanto hombres como mujeres. Proviene de *chal*, que procede del francés (châle) y anteriormente del persa (šāl).

G

PALABRAS MÁGICAS

El monarca ordenó al mejor mago del reino que se presentara en palacio. Por lo visto, una malvada bruja había puesto en práctica con él un maléfico hechizo y por culpa de ello ahora era incapaz de andar erguido. Lo tenía que hacer como si de un cuadrúpedo se tratara.

El hechicero, una vez presente e informado de todo, abre su pequeño baúl para coger su **grimorio**, pero, ¡sorpresa!, no está ahí. Puede ser que se lo haya dejado en casa. Aunque no se sabe ningún conjuro al pie de la letra, prefiere no comentar el desafortunado revés. Así que se dispone a improvisar unas palabras mágicas para ver si con ellas es capaz de liberar de su mal al rey. Alza los brazos, cierra los ojos y grita a todo pulmón algo del todo ininteligible. De repente, se oye una extraña y **estentórea** voz que proviene del trono del monarca. Antes de abrir los ojos para comprobar qué ha pasado, el mago se arrepiente profundamente de no haber acudido hace unos meses a aquel interesante y económico curso especializado en ejercitar la memoria.

GRIMORIO: Libro donde un mago, brujo o hechicero guarda todas sus fórmulas mágicas. Proviene del francés (grimoire).

Palabra invitada

ESTENTÓREA/O: Se utiliza para calificar una voz (o un acento) como muy potente o ruidosa. Proviene del latín (stentorĕus) y anteriormente del griego (stentóreios).

H

RETRATO EN EL AGUA

Una vez conocí a una pintora que **aseveraba** que podía dibujar sobre el agua. Ya fuera en un vaso, una bañera, una piscina, un lago, un río... o en el mismo mar. Yo fui testigo de cómo en un **hontanar** me retrató en unas cuantas pinceladas.

Al día siguiente, comprobé que el dibujo había desaparecido. Así que deduje que se había evaporado y había ido a parar a alguna nube. Por lo que mis ojos, nariz, boca... con la lluvia caerían del cielo cada cierto tiempo y mi rostro quedaría repartido aquí y allá.

Desde aquel momento, no puedo evitar buscar y buscar trozos de mi retrato en todos los charcos que voy encontrando en mi camino.

HONTANAR: Significa lugar donde nacen fuentes o manantiales. Proviene de *hontana* y esta del latín (fontana).

Palabra invitada

ASEVERAR: Significa asegurar o afirmar lo que se está contando. Proviene del latín (asseverāre).

I

DINERO EN EL SUELO

¿A quién no le gusta encontrarse dinero por la calle? Para facilitar el feliz hallazgo han salido al mercado unos peculiares zapatos, provistos de unos radares especiales, que detectan a varios metros de distancia si hay una moneda o un billete en el suelo. Cuando esto ocurre, sentimos en nuestros pies que los calzados vibran y a continuación conducen nuestros pasos hacia el botín correspondiente.

Hoy por hoy aún tienen un precio bastante elevado, pero quien lo compre debe pensar que en realidad está realizando una buena inversión, ya que, con un poco de suerte, se puede conseguir con ellos un interesante sueldo extra al mes.

Como todo nuevo invento tiene su talón de Aquiles, nunca mejor dicho si hablamos de calzados. En este caso, lo que ocurre es que, a veces e **inopinadamente,** los radares confunden el dinero con excrementos caninos y ya ha sucedido en más de una ocasión que, en lugar de pisar un billete o una moneda, alguien ha

hundido sus zapatos en ese pestilente **ofendículo** que siempre intentamos sortear cuando caminamos por las calles. Esperemos que pronto se encuentre una solución para este tan desagradable inconveniente.

INOPINADAMENTE: Que ocurre sin esperarlo. Proviene del latín (inopinātus).

Palabra invitada

OFENDÍCULO: Un obstáculo, un inconveniente, un tropiezo... Proviene del latín (offendicŭlum).

NUBES

Aquella **jorguina** tenía la capacidad de poder adivinar todo lo que le iba a ocurrir durante el día con solo mirar al cielo cada mañana. Si estaba completamente azul se concentraba en su profundidad y si había nubes se fijaba en sus colores, sus formas, la velocidad con la que transitaban...

Pero cierta vez no le funcionó su **nefomancia**. Aquellas nubes, algo extrañas en color y forma y totalmente inmóviles, no le dieron ni una sola pista.

¿Todo un misterio? Bueno, quizás no tanto, puede ser que simplemente, en esa ocasión, las nubes no quisieron fastidiar la fiesta sorpresa de cumpleaños que con tanta ilusión le habían preparado sus amigas hechiceras.

JORGUÍN/A: Es un sinónimo de bruja, hechicera y proviene del vasco (sorgin).

Palabra invitada

NEFOMANCIA: Se utiliza para nombrar la supuesta capacidad de adivinar a través del color, la forma, velocidad y otros detalles de las nubes. Actualmente no está recogida en el Diccionario de la RAE. Proviene del griego (néfos).

K
PUERTA GIRATORIA

He llegado al edificio y el **custodio** me ha dicho que para que se abra el portón interior y poder pasar tengo que dar exactamente quinientas veintisiete vueltas en la puerta giratoria que hay junto a él, ni una más y ni una menos. Esto me ha parecido realmente **kafkiano**, pero para mí es muy importante poder entrar, así que no he tenido más remedio que hacerle caso y empezar a dar vueltas.

Y aquí sigo, girando y girando. Pero lo peor de todo esto es que creo que acabo de perder la cuenta... ¿Por cuál vuelta voy? ¿Por la doscientos diez o la doscientos once?

KAFKIANO/A: Que recuerda a la obra del escritor checo Franz Kafka. Una situación extraña, absurda...

Palabra invitada

CUSTODIO: Quien se encarga de vigilar algo o a alguien. Proviene del latín (custos).

L

EL COCHE MENGUANTE

Ya existe por fin lo que desde hacía bastante tiempo estaba mucha gente esperando que se inventara: ¡un coche que mengua según nuestras necesidades! Aunque dentro de unos límites, claro está.

Se acabó el agobio de no encontrar aparcamiento en ningún sitio porque en los únicos espacios libres no cabe nuestro vehículo. Con tan solo pulsar un botón en la lla-

ve del auto (eso sí, una vez hayamos salido de él, pues si no, por seguridad, el mecanismo no funciona) este empieza a encogerse como por arte de magia y queda listo para dejarlo ubicado con total facilidad en ese recóndito hueco que de milagro hemos descubierto entre coche y coche. El mismo botón sirve para que después recupere su tamaño original.

No obstante, hay conductores tan **petulantes** que se niegan rotundamente a utilizar este invento revolucionario, pues ni por asomo quieren que alguien les pueda ver manipulando un vehículo que parezca un simple juguete y prefieren dar vueltas y vueltas por la ciudad buscando dónde estacionar su **luengo** auto. En fin, ya se sabe, para presumir hay que sufrir.

LUENGO/A: Es un sinónimo de *largo* y proviene del latín (longus).

Palabra invitada

PETULANTE: Persona que sin motivo presume exageradamente de algo. Proviene de *petulancia* y esta del latín (petulantia).

M

ESCRITO A MANO

De todo lo que tenía el **chamarilero** en su tienda, lo que más me llamó la atención fue una vieja **milocha**. Me recordó mucho a una que tuve de pequeño y que hacía volar en la playa, hasta que un día la solté sin querer y se fue de mí para siempre.

La cogí con cuidado y le di la vuelta para comprobar su estructura y me quedé impresionado al descubrir lo que tenía escrito a mano. Exactamente, y en el mismo orden, las palabras que forman este cuento.

MILOCHA: Significa cometa y está relacionada con la palabra *miloca* (ave rapaz nocturna), que a su vez deriva del latín (milvus).

Palabra invitada
....

CHAMARILERO/A: Se refiere a la persona cuya dedicación es comprar y vender antigüedades. No se sabe exactamente su procedencia, pero puede ser que provenga de *chambariles* (instrumentos que utiliza un zapatero para arreglar los calzados), una palabra que actualmente no recoge el Diccionario de la RAE.

N
EL NUEVO NÚMERO
DEL ILUSIONISTA

La última invención de cierto ilusionista que construía sus propios artilugios era un sombrero de copa con el que pretendía, a través de un juego **naipesco**, adivinar el pensamiento de quien se lo pusiera.

Decidió estrenar el nuevo número en el teatro más importante de la ciudad. Para poner punto y final a lo que estaba siendo una exitosa función, llamó a una señora del público y le pidió que se colocara el sombrero y que pensara en cualquier naipe de la baraja. Así lo hizo, y acto seguido fue el mago el que se plantó su invento en la cabeza. Pero... ¡horror! ¡La carta que debía averiguar no apareció en su mente! Lo peor de todo fue que, a continuación, la señora que había subido al escenario comenzó a reír a carcajadas. Según parecía, el sombrero de copa había funcionado al contrario y fue ella la que pudo leer el pensamiento del frustrado **taumaturgo**, por lo que acababa de conocer todos los secretos de su magia.

NAIPESCO/A: Un adjetivo que se refiere a los naipes, es decir, a las cartas de una baraja. *Naipe* proviene del catalán (naip) y, quizás, anteriormente del árabe (ma'íb).

Palabra invitada

TAUMATURGO/A: Es un sinónimo de mago, ilusionista, prestidigitador... Aunque también significa persona que es capaz de realizar milagros. Proviene del griego (thaumatourgós).

Ñ

PARAGUAS EN EL LLAVERO

¿A quién no se le ha olvidado el paraguas en casa un día con amenaza de lluvia? ¿O quién no lo ha perdido alguna vez a saber dónde? Bien, pues este problema parece ser que ya tiene solución con un pequeñísimo artilugio que se ha inventado para colocar en nuestro llavero, ya que simplemente hay que pulsar un botón y se convierte en un plis-plas en un paraguas de considerables dimensiones.

Es digno de ver cómo algo tan minúsculo se va desplegando rápidamente hasta conseguir su objetivo. El problema está, y ese es uno de los puntos débiles del invento, en que es algo complicado conseguir que el paraguas vuelva a su estado primitivo, pues hay que hacerlo de forma manual, como si de un inmenso plano urbano se tratara y para ello, ya se sabe, se requiere cierta **pericia**. Esperemos que pronto se solucione este pormenor con otro botón que sirva para la función inversa, pues si no mucho nos tememos que este aparatejo acabará en el **ñaque** de cada hogar.

Es importante advertir también que hay que tener sumo cuidado para evitar que el mencionado chisme se nos pueda abrir accidentalmente, cual paracaídas, dentro de nuestro bolsillo. Ya se ha dado algún que otro caso de este tipo y la verdad es que se vive una situación muy desagradable. Solo hay que imaginarlo.

ÑAQUE: Aunque tiene también otro significado relacionado con el mundo del teatro, en este microcuento se refiere a conjunto de cosas inútiles y ridículas, pero hay que indicar que esta palabra ya se usa poco para ello. Es una voz expresiva y, según algunas fuentes, tiene su origen en el español hablado en algún país de América.

Palabra invitada

PERICIA: Habilidad para realizar alguna acción, ya sea en la ciencia, el arte o cualquier otro campo. Proviene del latín (peritia).

O

REGRESO A LOS SUEÑOS

Se han inventado unas gafas oscuras, muy parecidas a las de sol, que se usan para volver a disfrutar de cualquiera de los sueños que hemos tenido a lo largo de nuestra vida mientras hemos estado durmiendo. Son muy prácticas para aquellas personas que no suelen acordarse de lo que acaban de soñar. Su éxito de ventas está siendo tal, que ya es muy frecuente ver en algunas ciudades a un buen número de personas llevando gafas oscuras incluso en mitad de la noche, como si estuvieran cubriendo sus ojos de una luna **encandiladora**.

Eso sí, hay que estar muy atentos para que no nos vendan falsificaciones, pues se ha dado el caso que alguien ha comprado el **onírico** artilugio y lo único que ha conseguido ver son larguísimos anuncios publicitarios de utensilios inútiles.

ONÍRICO/A: Que se refiere a los sueños. Proviene del griego (óneiros).

Palabra invitada

ENCANDILADOR/A: En este caso significa que deslumbra, que los ojos sufren a causa de una gran luz. Proviene de *encandilar*, que tiene su raíz en *candil*, cuyo origen está en el árabe hispánico (qandíl).

P

UNA CAMPANA MUY SONADA

En cierto municipio, como en todos los del país, comenzaba la campaña electoral para elegir nuevo alcalde y en la prensa local se habló de la noticia bajo el titular: «Será una campana muy sonada». Por lo visto, con las prisas, nadie en la redacción del periódico se llegó a percatar de tan monumental **errata**, pues en lugar de la palabra *campana* debía ir, como era lógico, *campaña*. Coincidió que en ese mismo día se instaló en la torre más alta del pueblo una nueva campana, provista de un mecanismo para hacerla funcionar de forma automática.

Por la tarde, a causa de un fallo técnico, el recién estrenado artilugio empezó a sonar y a sonar sin parar, estando así un buen número de horas, ya que, para colmo, no se podía entrar en la torre para desconectarlo, pues la llave correspondiente se había extraviado y no apareció hasta bien entrada la noche.

A la mañana siguiente, ya resuelto el problema, no hubo **palinodia**, pues el titular que esta vez apareció en la portada del periódico no fue otro que: «¡No nos equivocamos, fue una campana muy sonada!».

PALINODIA: Desdecirse públicamente de algo que se ha dicho o escrito anteriormente y reconocer el error. Proviene del latín tardío (palinodia) y anteriormente del griego (palinōidía).

Palabra invitada

ERRATA: Error que se ha cometido en el texto de un libro, de un impreso en general, un manuscrito, etc. Proviene del latín (errata).

Q
LAS GAFAS VOLADORAS

Una vez, de repente, a unas gafas empezaron a crecerle en sus patillas algo así como unas alas de pájaro y se fueron volando lejos de su dueño. Al cabo de los años volvieron a los orejas y nariz de este y pudo comprobar que con ellas puestas tenía la sensación de haber conocido en persona todo lo que sus gafas habían visto desde el cielo durante todo aquel tiempo de **deserción**.

–¡Qué suerte he tenido, he visitado un buen número de países sin salir de casa! Con lo poco que a mí me gusta viajar –decía aquel hombre como si contara **quequier** cosa cada vez que narraba la historia de sus gafas voladoras.

QUEQUIER: Es una forma en desuso de decir *cualquiera* o *cualquier*. Proviene de *que* y *querer* y estas del latín (quid y quaerĕre).

Palabra invitada
....
DESERCIÓN: En este microcuento significa abandono de sus obligaciones. Proviene del latín (desertio).

R

UN SUPERHÉROE MUY PATOSO

Cierto superhéroe tiene un serio problema siempre que intenta llevar a cabo una misión. Cada que vez que se dispone a quitarse la ropa, para lucir su fabuloso traje de superhéroe, no puede evitar hacerse un lío con los pantalones, los zapatos, la camisa, la chaqueta... Tarda tanto tiempo en **descobijarse** y después en encontrar un lugar **recoleto** y seguro para esconder las correspondientes prendas, que cuando está preparado para salvar a quien haya que salvar o para luchar con quien haya que luchar, ya ha terminado todo.

Por eso este superhéroe nunca sale en los periódicos ni en las noticias de la televisión, pues jamás ha habido razón para ello. Y es una gran pena que tenga tantos superpoderes desperdiciados por ser tan tan tan patoso.

RECOLETO/A: En este caso se refiere a un lugar apartado, por donde pasa poca gente. Proviene del latín (recollectus).

Palabra invitada

DESCOBIJAR: Es una forma poco usada de decir *desabrigar*. En este caso, significa desprenderse de las prendas de vestir. Está compuesta por el prefijo *des* y *cobijar*, cuyo origen es incierto, pero *cobijo* tiene su raíz en el latín (cubĭcŭlum).

S
EL MISMO LIBRO

Ocurrió en una librería de esas donde también se compran y se venden libros usados. Una señora, que se encontraba de viaje de negocios en la ciudad, estaba hojeando distintos volúmenes que se hallaban en una estantería en la que se indicaba: «Libros de segunda mano». De pronto, le sorprendió muchísimo ver en la primera página de uno de ellos una dedicatoria escrita de su puño y letra acompañada de su **rúbrica**. Por lo visto, era el mismo ejemplar que años atrás le había regalado a una amiga que vivía en el extranjero. ¡A saber cómo había llegado el libro hasta allí!

La señora, sin pensarlo dos veces, compró su obsequio desechado y a continuación se dirigió a una oficina de correos para enviárselo de nuevo a su amiga. Eso sí, acompañado de una nota donde le narraba aquella coincidencia, que ella se tomó como una verdadera **serendipia**, y que concluía con estas palabras: «Espero que ahora tengas la amabilidad de no deshacerte de mi regalo».

SERENDIPIA: Cuando se lleva a cabo un hallazgo o descubrimiento de algo valioso de forma casual o accidental. Proviene de la adaptación del inglés de la palabra *serendipity*.

Palabra invitada

RÚBRICA: El trazo o trazos que, siempre de la misma forma, se suele colocar en la firma tras el nombre. Aunque a veces, este no aparece y la firma solo se compone de la rúbrica. Proviene del latín (rubrīca).

T

BAILARINA

Una vez conocí a una bailarina que siempre estaba vestida de bailarina. Se mantenía continuamente en la misma posición, preparada para **tripudiar**, aunque solo lo hiciera cada cierto tiempo y con una única melodía.

Por más que le pregunté el porqué de aquella extraña conducta, jamás me contestó. Ni siquiera parpadeó una sola vez mientras le hablaba. Así que algo **exasperado**, y aburrido de ver en todo momento lo mismo, no lo dudé un instante y cerré de golpe la caja de música.

TRIPUDIAR: Aunque nos parezca increíble, hay que indicar que es un sinónimo de danzar, bailar. Proviene del latín (tripudiāre).

Palabra invitada
EXASPERADO/A: Es sinónimo de enfadado, enojado, irritado, molesto... Proviene del latín (tripudiāre).

U

SECRETO DE SOMBRA

Te voy a contar un secreto: soy **umbrátil**. Pues la sombra que proyecto no es la que debería ser. Hace tiempo que me ocurre esto. Mi sombra dibuja cada día de sol una cosa distinta, nunca repite la misma figura. Ya ha sido un coche, un caballo, una bicicleta, un camello, una escalera... y hasta un **sapenco** gigante. Por ahora, nadie se ha dado cuenta de ello, pues por aquí apenas pasa gente. Pero hoy quiero que tú lo sepas.

Si algún día ves, en mitad del campo, un frondoso árbol, pero con, por ejemplo, sombra de uno totalmente deshojado, por nombrar algo lo más cercano a mí, ese, seguramente, soy yo.

UMBRÁTIL: En este caso se refiere a lo que ya se explica en el microcuento, que proyecta una sombra con una apariencia distinta. Su otro significado es que simplemente tiene sombra o la causa. Proviene del latín (umbratĭlis).

Palabra invitada

SAPENCO: Caracol terrestre muy pequeño, pues solo mide una pulgada. Tiene rayas pardas y se le puede ver sobre todo en el sur de Europa. Su origen, como el de *caracol*, es incierto.

V

LLANTO Y MÚSICA

Hoy por hoy, el artículo más vendido en las tiendas para bebés es un aparatito que es capaz de convertir el llanto de un niño pequeño en música clásica. Lo ideal es colocar el artilugio en la cuna, para que cuando la criatura dé uno de sus lacrimosos «conciertos», en lugar del persistente **vagido** suene, por ejemplo, la Pequeña serenata nocturna de Mozart.

Hay muchas personas que no dudan en regalar este práctico invento a sus vecinos con niños recién nacidos, pues, en definitiva, ellas van a ser también principales beneficiadas de su armónica y prodigiosa función.

Es muy importante indicar que este debe ser su único y exclusivo uso, ya que hay quien ha querido emplearlo para ronquidos propios o ajenos y el resultado ha sido desastroso. En lugar de sonar alguna pieza de Beethoven o Verdi, por mencionar a dos grandes maestros de la historia de la música, se ha llegado a oír a varios centenares de metros a la redonda la conocida y **fragosa** marcha militar que se toca para despertar a la tropa.

VAGIDO: El llanto y los gemidos de un bebé. Proviene del latín (vagītus).

Palabra invitada
....
FRAGOSA/O: En este caso actúa como sinónimo de *estrepitoso*. Es decir, ruidoso, aparatoso, exagerado... Proviene del latín (fragōsus).

W
LA ACTRIZ CAMALEÓNICA

Cierta actriz memorizaba los guiones con solo haberlos leído una vez y ese poder la **transmutaba** físicamente según el personaje al que tuviera que dar vida en el teatro, cine o televisión, ya fuera una comedia, un drama, un **wéstern**... Si tenía que meterse en la piel de, por ejemplo, una señora gruesa, engordaba al momento como por arte de magia. Igual ocurría si le daban el papel de una persona muy alta o muy baja, joven, anciana, etc.

Cuentan que para cierta obra teatral, sucedió algo del todo insospechado, ya que a la actriz camaleónica (era así como se la conocía) le resultó imposible aprenderse su guión, por más que lo leyó una y otra vez.

Puede ser que todo se debiera a que en aquella ocasión tenía que interpretar a una mujer que era exactamente igual que ella.

WÉSTERN: Es como se denomina a las películas que tratan sobre el Lejano Oeste, es decir, sobre vaqueros. Proviene del inglés (western).

Palabra invitada

TRANSMUTAR: Transformar una cosa, o convertirse uno mismo, en algo distinto. Proviene del latín (transmutāre).

X

GUANTES PARA MÚSICA

Se han inventado unos guantes extremadamente finos y casi imperceptibles a nuestra vista, que sirven para que todo aquel que se los ponga pueda tocar el instrumento musical que desee (excluyendo a los de viento) como si fuera el más virtuoso de los intérpretes.

Con ellos se terminaron los fatigosos años de estudio y ensayos, por lo que ya todos tenemos al alcance de nuestras manos, nunca mejor dicho, las piezas, por ejemplo, más famosas de los compositores más **venerados**.

Para cada estilo de música e instrumento existe un modelo de guantes, por lo que hay que elegir el adecuado para cada ocasión. En eso se debe tener mucho cuidado, pues ayer una señora se puso por equivocación unos de rock and roll para dar un concierto de **xilófono** y ¡menudo lío se formó!

XILÓFONO: Está formada por la unión de otras dos palabras: *xilo* y *fono* (ambas elementos compositivos). Y es, tal como lo explica el Diccionario de la RAE: Instrumento musical de percusión formado por láminas generalmente de madera, ordenadas horizontalmente según su tamaño y sonido, que se hacen sonar golpeándolas con dos baquetas.

Xilo significa madera y proviene del griego (xylo) y *fono* significa voz, sonido y también proviene del mismo idioma (phōno).

Palabra invitada
VENERADO/A: Alguien muy respetado por sus grandes virtudes, de las clases que sean. O un objeto que represente o recuerde a esa persona tan virtuosa. Es el participio del verbo *venerar* que proviene del latín (venerāri).

Y

MIEDO A VOLAR

No lo puede evitar, tiene miedo a volar. Por eso este superhéroe cada vez que tiene que acudir a algún sitio para realizar una misión coge un autobús, un taxi, el metro... Pero claro, ya sabemos cómo está el transporte público y más en hora punta. En más de una ocasión se ha tenido que volver a casa sin ni siquiera haber podido ayudar a un anciano a cruzar la calle, ya que ha llegado tarde al lugar donde se le necesitaba.

Desde hace un tiempo acude a un curso para superar su **aerofobia**, pero por ahora no ha obtenido resultados positivos, así que se ha decidido a publicar el siguiente anuncio:

*Superhéroe con capa sin ninguna **yactura**, prácticamente nueva, busca a otro superhéroe para intercambiar el poder de volar (sin apenas uso) por el de correr a supervelocidad.*

A ver si tiene suerte.

YACTURA. Significa, tal como lo recoge el diccionario de la RAE, quiebra, pérdida o daño recibido. Proviene del latín (iactūra).

Palabra invitada
....

AEROFOBIA. En este microcuento significa miedo a volar, aunque en otras ocasiones se refiere al temor al aire. Está compuesta por otras dos palabras: *aero* y *fobia* (ambas en este caso elementos compositivos). *Aero* significa aire o aéreo y *fobia* rechazo, pánico... Ambas provienen del griego (aero y phobia).

Z

OBRA MAESTRA

Una directora de cine llevaba rodando su primera película desde hacía más de cincuenta años. Decía que iba a ser una gran maravilla, perfecta en todos los sentidos. Una verdadera obra maestra.

Cuando por fin dio por terminado el rodaje y visionó en su ordenador el montaje final, se encontró con algo completamente inesperado.

–¡¡¿Por qué a los actores se les ve tan envejecidos en las últimas escenas, si la historia que cuenta la película transcurre en un solo día?!!! –le preguntó, **furibunda** y sorprendida a la vez, a su **zangolotino** ayudante de ochenta años.

ZANGOLOTINO/A: Se refiere a una persona joven o aniñada o que tiene un comportamiento infantil. Deriva de la palabra *zangolotear*, que a su vez proviene de la onomatopeya *zangl*, del balanceo.

Palabra invitada

FURIBUNDA/O: Enfadada, enojada o, al menos, a punto de enfurecerse. Proviene del latín (furibundus).